LOI ESPAGNOLE DU 16 MAI 1902

SUR

LA CHASSE

TRADUITE ET ANNOTÉE

PAR

Fernand DAGUIN

DOCTEUR EN DROIT

AVOCAT A LA COUR D'APPEL DE PARIS

(EXTRAIT DE L'ANNUAIRE DE LÉGISLATION ÉTRANGÈRE)

PARIS

LIBRAIRIE GÉNÉRALE DE DROIT ET DE JURISPRUDENCE

20, rue Soufflot, 20

—

1904

LOI ESPAGNOLE DU 16 MAI 1902

SUR

LA CHASSE

LOI ESPAGNOLE DU 16 MAI 1902

SUR

LA CHASSE

TRADUITE ET ANNOTÉE

PAR

Fernand DAGUIN

DOCTEUR EN DROIT

AVOCAT A LA COUR D'APPEL DE PARIS

(EXTRAIT DE L'ANNUAIRE DE LÉGISLATION ÉTRANGÈRE)

PARIS

LIBRAIRIE GÉNÉRALE DE DROIT ET DE JURISPRUDENCE

20, rue Soufflot, 20

1904

LOI ESPAGNOLE DU 16 MAI 1902

SUR

LA CHASSE [1]

TRADUITE ET ANNOTÉE

PAR

Fernand DAGUIN

DOCTEUR EN DROIT
AVOCAT A LA COUR D'APPEL DE PARIS.

Jusqu'aux dernières années du XVIII° siècle, la chasse fut régie, en Espagne, par des dispositions spéciales à chaque province et souvent fort différentes les unes des autres. Ainsi, dans la Castille et la Catalogne, la faculté de poursuivre et de capturer les bêtes sauvages était reconnue à tous, nobles et roturiers, tandis que, dans la Navarre, cette faculté était réservée au roi, aux seigneurs et aux nobles, sauf une exception admise à l'égard de certains animaux, tels que le sanglier, le cerf, le chevreuil (2).

Une ordonnance de 1772 posa, pour la première fois, des règles uniformes pour le royaume tout entier. Au nombre des mesures qu'elle édictait, il en était qui avaient pour objet d'interdire la chasse de la perdrix à l'aide d'appelants, et d'autres qui tendaient à proscrire l'emploi des pièges, filets et autres engins pour la capture du gibier, sauf pour celle des oiseaux de passage (3).

Le 3 février 1804, parut une nouvelle ordonnance générale, relative à la chasse et à la pêche. Le roi Charles IV y déterminait des époques

---

(1) *Ley de Caza* (*Gaceta* du 18 mai 1902). (On trouvera le texte de la loi dans le *Boletín jurídico-administrativo*, publié par MARCELO et ALVARO MARTINEZ-ALCUBILLA, *Apéndice de* 1902, p. 258, et dans la *Legislación de caza anotada y estudiada*, par L. PEREIRA). — Cette loi remplace la loi sur la chasse du 10 janvier 1879 (Une traduction française de la loi du 10 janvier 1879 a été publiée dans le *Recueil des lois sur la chasse* de M. Ernest DEMAY, p. 588, et une analyse de cette même loi figure dans l'*Annuaire de législ. étrang.*, IX° année, p. 426).

(2) F. ABELLA, *Manual del derecho de caza*, p. 22 et suiv.

(3) *Ibid.*, p. 47.

2

dans l'année où la recherche et la poursuite du gibier étaient défen-
dues. Le droit de chasser avec fusils et chiens était réservé à la noblesse,
au clergé et aux personnes honorables (*honradas*), les journaliers et les
manouvriers n'étant autorisés à se livrer à ce plaisir que les dimanches
et jours de fête (1).

L'ordonance de 1804 fut remplacée, à son tour, par un décret royal du
3 mai 1834. Ce décret concédait aux propriétaires la faculté de chasser
librement sur leurs terres, en toute saison (art. 1er), et permettait à
chacun de chasser sur les terres d'autrui non closes, sans l'autorisation
des propriétaires, pourvu que ces terres ne fussent ni en culture, ni en
chaumes (art. 4). Il était établi un temps prohibé pour les terres n'appartenant pas à des particuliers (art. 9). La chasse était absolument
interdite pendant les temps de neige ou de tempête, sauf celle des
animaux nuisibles (art. 10) (2).

Le décret de 1834 fut partiellement modifié par les lois du 2 septembre et du 13 septembre 1837. La première déclara définitivement
abolis les privilèges exclusifs et prohibitifs ayant un caractère féodal,
tels que ceux de chasse et de pêche. La seconde réserva exclusivement
aux propriétaires le droit de chasse dans les bois et sur les terrains
visés par le décret du 14 janvier 1812, ainsi que sur les terres closes ou
délimitées (3).

Enfin, une nouvelle loi sur la chasse fut promulguée, le 10 janvier
1879 (4). Cette loi pose en principe que le droit de chasse est un attri-
but de la propriété et que nul, en dehors du propriétaire ou de son
ayant droit, ne peut chasser sur un fonds, s'il n'y est autorisé par
celui qui a la jouissance du droit de chasse. Elle a été abrogée par la
loi du 16 mai 1902, dont on trouvera la traduction ci-après, et qui lui
a été substituée.

La nouvelle loi, du reste, si l'on excepte quelques amendements de
détail, ne réforme le texte qu'elle remplace que sur un petit nombre de
points importants. Les principales modifications qu'elle introduit dans
la législation antérieure portent sur les droits des propriétaires et des
fermiers et sur l'époque de la clôture de la chasse.

La loi de 1879 attribuait au fermier, en cas de silence du bail, le
droit de chasse sur les terres affermées; à l'inverse, la loi de 1902 l'at-
tribue au bailleur (5).

(1) *Ibid.*, p. 47; E. Demay, *Recueil des lois sur la chasse*, p. 576.

(2) Voir le texte du décret du 3 mai 1834 dans l'ouvrage de Marcelo Martinez
Alcubilla, intitulé : *Diccionario de la administración española* (4ᵉ édit.), t. 2
(vⁱˢ *Caza y pesca*), p. 249.

(3) V. Alcubilla, *Diccionario*, etc., t. 2, p. 252.

(4) V. Alcubilla, *Diccionario*, etc., t. 2, p. 253; F. Abella, *Manual del derecho de caza*, p. 182; E. Demay, *Recueil des lois sur la chasse*, p. 588.

(5) En France, à défaut de texte précis, la jurisprudence s'est fixée en ce sens
(Cass., 13 nov. 1818 [S. chr.]; Cass., 12 juin 1828 [S. chr.]; Cass. 5 avril 1866
[S. 66. 1. 412; P. 66. 1099; D. 66. 1. 411]). — Cf. Fuzier-Herman, *Répertoire
général alphabétique du droit français*, t. 10, vᵒ *Chasse*, nᵒˢ 54 et 55.

Précédemment, la chasse était fermée dans les provinces d'Alava, d'Avila, de Burgos, de la Corogne, du Guipuzcoa, de Huesca, de Léon, de Logroño, de Lugo, de Madrid, de Navarre, d'Orense, d'Oviédo, de Palencia, de Pontevedra, de Salamanque, de Santander, de Ségovie, de Soria, de Valladolid, de Biscaye et de Zamora, du 1er mars au 1er septembre, et, dans les autres provinces, y compris les Baléares et les Canaries, du 15 février au 15 août.

Aujourd'hui, la période de clôture s'étend, partout, du 15 février au 31 août, sauf dans les provinces du littoral cantabrique (1) et dans la Galice, où elle se termine seulement le 15 septembre.

Section Ire. — Classification des animaux.

Art. 1er. — Les animaux se divisent en trois classes, quant aux effets de la présente loi : 1° les animaux féroces ou sauvages ; 2° les animaux apprivoisés ou domestiqués ; 3° les animaux privés ou domestiques (2).

Art. 2. — Les animaux féroces ou sauvages sont ceux qui vaguent librement et qui ne peuvent être capturés que par la force (3).

Art. 3. — Les animaux apprivoisés ou domestiqués sont ceux qui, étant sauvages de leur nature, sont capturés, soumis et dressés par l'homme.

Art. 4. — Les animaux apprivoisés ou domestiqués appartien-

---

(1) Ces provinces sont celles d'Alava, de Guipuzcoa, de Biscaye et d'Oviédo.

(2) Aux termes de l'article 610 du Code civil, les choses sans maître, telles que les animaux qui font l'objet de la chasse ou de la pêche, appartiennent, par droit d'occupation, au premier occupant.

(3) Les animaux féroces et sauvages, dont la chasse se pratique en Espagne, sont : l'ours commun et le loup. Les animaux sauvages, susceptibles d'être chassés, sont, dans l'ordre des mammifères : le cerf, le daim, le chevreuil, le chamois, le bouquetin, le sanglier, le renard, le lynx, le chat parde (*Felis pardina* : Temminck), le chat sauvage, le blaireau, la genette, le putois, la fouine, la martre, la belette, la loutre, l'écureuil, le lapin et le lièvre ; dans l'ordre des oiseaux : le grand-duc, l'effraie, le moyen-duc, le scops, le faucon pèlerin, la cresserelle, le faucon de Barbarie (*Alfaneque ; Falco barbarus* : Linné), l'émérillon, le gerfaut, l'aigle royal, l'aigle impérial, l'épervier, le milan, le gypaète, le vautour fauve, le vautour cendré, le percnoptère, la litorne, la draine, le merle-grive, le mauvis, l'étourneau vulgaire, l'étourneau unicolore, le ramier, le colombin, le biset (*Montés*), la tourterelle, le faisan, le ganga cata (*Pterocles alchata* : Degland et Gerbe), le ganga unibande (*Ortega ; Pterocles arenarius* : Temminck), la perdrix rouge, la perdrix grise (*Pardilla*), la caille, l'outarde, la canepetière (*Sisón*), le vanneau, la grue cendrée, le héron cendré, la bécasse, la bécassine, le râle de genêts, la poule d'eau, la foulque, le flammant, l'oie cendrée, le canard sauvage et ses différentes espèces, la sarcelle, la sarcelline et autres espèces analogues (*Règlement du 3 juillet 1903 pour l'application d la loi sur la chasse*, art. 2).

nent à celui qui les a réduits à cette condition, tant qu'ils demeurent dans cet état. Quand ils recouvrent leur liberté primitive, ils cessent d'appartenir à celui qui fut leur maître et deviennent la propriété du premier occupant.

Art. 5. — Les animaux privés ou domestiques sont ceux qui naissent et qui sont élevés ordinairement sous le pouvoir de l'homme, qui conserve toujours sur eux son droit de propriété.

S'ils échappent à son pouvoir, il peut les réclamer à quiconque les détient, sauf à payer les frais de leur nourriture.

Art. 6. — Les animaux féroces ou sauvages et les animaux apprivoisés ou domestiqués dont il est question à l'article 4 (1), passent au pouvoir de l'homme par la chasse.

Art. 7. — Sous l'expression générique : *chasser*, on comprend tout art licite et tout moyen légal de rechercher, de poursuivre, de forcer (*acosar*), de capturer ou de tuer, pour les réduire à l'état de propriété privée, les animaux rangés dans la première classe de l'article 1er et ceux qui sont mentionnés à l'article 4 (2).

Section II. — Du droit de chasser.

Art. 8. — Le droit de chasser appartient à toute personne majeure de quinze ans, pourvue de permis d'usage d'armes à feu et de chasse ou de chasse aux lévriers, suivant les cas (3).

Art. 9. — Ce droit peut être exercé sur les terres de l'État, des localités habitées (*pueblos*), des communautés civiles, et sur les domaines (*fincas*) appartenant aux particuliers, lorsque la chasse n'y est pas réservée.

Peuvent seuls chasser sur les terrains effectivement clos (*cerrados*) (4) ou délimités (*acotados*) (5), les propriétaires, les fermiers ou les personnes que ceux-ci autorisent formellement par écrit.

(1 et 2) C'est-à-dire les animaux domestiqués qui ont recouvré leur liberté.

(3) Le prix du permis de port d'armes à feu et de chasse est fixé à 40 piécettes (*pesetas*) pour les personnes inscrites à la première classe de la contribution personnelle ; à 30, pour celles de la seconde et de la troisième classes ; à 20, pour celles de la quatrième et de la cinquième, et à 15, pour celles inscrites dans les autres classes (loi du 26 mars 1900, art. 93). — Le prix des permis spéciaux nécessaires pour chasser à l'aide d'appelants, ou avec des lévriers ou des bassets, est fixé par les articles 19 et 35 de la loi sur la chasse (V. ci-après, p. 12 et 17).

(4) Il faut entendre par terrain clos, toute pièce de terre complètement entourée de haies vives, de murs ou de ronces artificielles et où l'on n'a d'accès que par les portes (*Règlement du 3 juillet* 1903, art. 7).

(5) Les terrains effectivement délimités (*terrenos acotados* ou *amojonados*) sont ceux dont les limites sont indiquées par des bornes (*hitos*, *cotos* ou *mojones*) parfaitement visibles (*Règlement*, art. 7). — Cf. Code civil, art. 388.

Les terrains réservés, pour être reconnus comme tels, devront remplir les conditions déterminées par la loi sur la délimitation des terres (*ley de acotamientos*) (1), ainsi que celles établies par les dispositions en vigueur sur l'imposition foncière (*tributación*) (2), et posséder, à toutes les expositions, dans des endroits où ils sont d'une lecture facile, des écriteaux ou des bornes de pierre portant l'inscription suivante : « chasse réservée ». Sur ces terrains réservés, on ne pourra chasser qu'avec l'autorisation écrite du propriétaire ou du fermier.

Tout propriétaire pourra légalement réserver la chasse sur ses domaines, mais il sera directement responsable des dommages causés par le gibier vivant sur sa propriété aux héritages des propriétaires voisins (3).

Art. 10. — Tout propriétaire peut concéder à un tiers la faculté d'user du droit qui lui est reconnu par l'article précédent, et ce, sous les conditions qu'il juge convenables, pourvu toutefois que celles-ci ne soient pas contraires à celles fixées par la présente loi.

Art. 11. — Si le propriétaire ne stipule pas de conditions spéciales pour l'exercice du droit de chasse sur sa propriété, l'autorisation sera censée être donnée conformément aux conditions établies par la présente loi.

Art. 12. — Quand un fonds appartient par indivis à plusieurs propriétaires, chacun d'eux peut y exercer le droit de chasse personnellement ou par l'entremise d'une personne qui le représente ; mais il est interdit à chaque copropriétaire d'accorder l'autorisation de chasser à une autre personne que celle qui le représente, si ce n'est avec l'agrément des copropriétaires réunissant ensemble les deux tiers au moins de la propriété.

---

(1) Voir les décrets-lois du 14 janvier 1812 et du 8 juin 1813, la loi du 13 septembre 1837 et l'ordonnance royale du 25 novembre 1847. — Cf. ALCUBILLA, *Diccionario de la Administración española* (4ᵉ édit.), t. 1ᵉʳ, vⁱˢ *Acotar : Acotamiento*.

(2) Voir le Règlement du 30 septembre 1885 concernant le répartement et l'administration de la contribution établie sur les immeubles, les cultures et l'élevage du bétail, et les dispositions de la loi du 27 mars 1900, relatives à l'établissement du cadastre. Une circulaire de la Direction générale des contributions, du 25 septembre 1902 rappelle que le produit de la chasse doit entrer en ligne de compte pour l'évaluation du revenu imposable des propriétés. — V. L. PEREIRA, *Legislación de Caza, anotada y estudiada*, 2ᵉ partie, p. 7.

(3) Code civil, art. 1902 et 1906. — Aux termes de l'article 1906 du Code civil, le propriétaire qui réserve la chasse sur ses terres est responsable du dommage causé par le gibier vivant sur son domaine, lorsqu'il n'a pas fait le nécessaire pour en empêcher la multiplication ou qu'il a empêché les propriétaires avoisinants de le détruire.

Art. 13. — Le droit de chasse appartient au propriétaire du fonds, à moins que le contraire n'ait été stipulé dans le contrat de location (1).

Art. 14. — Lorsque l'usufruit se trouve séparé de la nue-propriété ou que le fonds a été donné à bail emphytéotique, le droit de chasse appartient à l'usufruitier ou à l'emphytéote (2). Quand le fonds est soumis à une administration ou à un séquestre, judiciaire ou volontaire, l'administrateur ou le séquestre a la faculté de concéder le droit de chasse sur ce fonds ou d'interdire d'y chasser.

Art. 15. — Tous les pâturages, héritages et autres fonds, de quelque nature que ce soit, qui dépendent d'une propriété privée, étant considérés comme clos et délimités, nul ne peut chasser sur ceux d'entre eux qui ne sont pas effectivement bornés, clos ou délimités, sans une permission écrite de leur propriétaire, tant que les récoltes n'ont pas été enlevées.

Sur les terrains effectivement clos et délimités ou bornés, nul ne peut chasser sans la permission du propriétaire (3).

Art. 16. — Le chasseur qui, usant de son droit de chasse sur un fonds où il a la permission de chasser, blesse une pièce de menu gibier, qui tombe ou se réfugie sur la propriété d'autrui, acquiert un droit sur elle (4); toutefois, il ne peut pénétrer dans cette propriété sans la permission du propriétaire, lorsque l'héritage est effectivement clos de haies, de murs ou de palissades, mais ce propriétaire est tenu de lui remettre la pièce blessée ou morte.

Si la propriété n'est pas effectivement close, le chasseur pourra y pénétrer, sans la permission du propriétaire, mais seulement pour s'emparer de la pièce blessée ou morte; toutefois, il sera responsable des dommages qu'il aura causés.

---

(1) La loi sur la chasse du 10 janvier 1879 avait posé le principe contraire dans son article 13 (V. *Annuaire de législ. étrang.*, IXe année, p. 427).

(2) Cf. Code civil, art. 467, 471, 485, 1605 et 1632.

(3) Il est permis aux particuliers de constituer des sociétés de chasse pour pratiquer la chasse en commun, soit sur leurs terres réunies à cet effet, soit sur des terrains loués. Ces sociétés, pour avoir une existence légale, doivent se conformer, quant à leur constitution, aux dispositions de la loi sur les associations, du 30 juin 1887 (Voir la traduction de cette loi dans l'*Annuaire de législ. étrang.*, XVIIe année, p. 513). Il faut, en outre, qu'elles aient un siège fixe, qu'elles soient dotées d'un règlement approuvé par le gouverneur de la province, et qu'elles aient à leur tête un comité de direction élu par les sociétaires. Le comité représente la société et jouit de la faculté de commissionner des gardes (*Règlement du 3 juillet* 1903, art. 57).

(4) Voir, pour le grand gibier, les dispositions de l'article 37, ci-après.

Section III. — De l'exercice du droit de chasse.

Art. 17. — Toute espèce de chasse est absolument interdite, du 15 février au 31 août inclusivement, dans toutes les provinces du royaume, à l'exception des provinces du littoral cantabrique, y compris les quatre provinces de la Galice, où le temps prohibé ne se terminera que le 15 septembre.

Les pigeons fuyards (*palomas campestres*), ramiers (*torcaces*), tourterelles et cailles pourront se chasser à partir du 1er août, mais seulement sur les fonds dont les récoltes auront été fauchées ou coupées, encore que les gerbes ou les javelles soient demeurées sur le sol.

Les lapins pourront se chasser et être transportés à partir du 1er juillet, à la condition, pour le propriétaire de la forêt, du pâturage, du taillis (*soto*) ou du fonds légalement réservé, de se pourvoir d'une permission écrite, délivrée par l'autorité locale et d'un passavant (*guia*), également délivré par elle, pour le transport des animaux sur les voies publiques.

Dans les lagunes, marais et terrains marécageux, il sera permis de chasser, jusqu'au 31 mars, les oiseaux d'eau, échassiers, bécasses, bécassines et autres oiseaux semblables.

Les oiseaux insectivores désignés dans le règlement rendu en conformité de la loi du 19 septembre et de l'ordonnance royale du 25 novembre 1896, avec les additions jugées convenables, ne pourront être chassés en aucun temps, à raison des services qu'ils rendent à l'agriculture (1).

(1) La liste des oiseaux insectivores qu'il est interdit, en tout temps, de tuer ou de capturer, a été arrêtée de la manière suivante : sont inscrits sur cette liste : la cresserelle, la cresserellette, la bondrée apivore, la buse vulgaire et la buse pattue (*Lagópodo*), les rapaces nocturnes, à l'exception du grand-duc, l'engoulevent vulgaire et l'engoulevent à collier roux, le martinet noir et le martinet alpin, l'hirondelle de cheminée, l'hirondelle de fenêtre et l'hirondelle de rivage, le loriot, le rollier, la huppe, le troglodyte, le grimpereau, le tichodrome, la sittelle, les mésanges huppée, charbonnière, bleue, noire, à longue queue, moustache et penduline, les pitpits, les bergeronnettes printanière, grise et lugubre, l'agrobate (*pájaro rojo*), l'amnicole à moustaches noires (*Amnicola melanopogon* : Degland et Gerbe), les phragmites des joncs et aquatile, la lusciniole fluviatile, l'hypolaïs ictérine, les pouillots, les roitelets huppé et à triple bandeau, les fauvettes, le rossignol, l'accenteur mouchet et l'accenteur alpin, le rouge-gorge, la gorge-bleue, le rossignol de murailles, la rubiette tithys, les traquets motteux, stapazin, oreillard, rieur, rubicole et tarier, les gobe-mouches gris, noir et à collier, le coucou-geai (*cuco real*), le coucou gris, le torcol, les pics (*Règlement du 3 juillet* 1903, art. 33; *Ordonnance royale du 25 novembre* 1896). — Il est permis de chasser, du 1er septembre au 31 janvier : les grives, verdières, ortolans et autres emberizés, les fringillidés (pinsons,

Art. 18. — Les particuliers, propriétaires de terres destinées à constituer des chasses réservées, et entourées effectivement de clôtures, de bornes ou de limites, pourront y chasser librement, à toute époque de l'année, sauf à l'aide d'appelants ou appeaux à perdrix, mâles ou femelles, lesquels ne pourront être employés que pendant le temps où la chasse est permise; dans tous les cas, ils ne pourront faire usage d'appelants ou d'autres engins à moins de mille mètres des terres voisines.

Art. 19. — La chasse de la perdrix à l'appelant est absolument défendue, en tout temps, sauf la disposition de l'article précédent.

Pour pouvoir chasser la perdrix à l'appelant, le propriétaire ou fermier du fonds a besoin d'être pourvu d'un permis spécial de 25 piécettes (*pesetas*) par appelant. Ce permis sera obligatoirement délivré au nom du chasseur qui voudra se servir de l'appelant, et il devra être inscrit au secrétariat de la municipalité (*ayuntamiento*) du lieu où il devra être utilisé.

La garde civile (1) et les gardes assermentés se saisiront des appelants dont les détenteurs se servent sans pouvoir exhiber le permis sus-indiqué, et, dans ce cas, les appelants seront immédiatement détruits (2). Indépendamment des effets du jugement, les personnes qui contreviendront au présent article paieront une amende de 25 piécettes (*pesetas*), pour la première dénonciation (*denuncia*) dont elles auront été l'objet, de 50, pour la seconde, et de 75, pour les dénonciations suivantes.

Le montant de ces amendes sera obligatoirement remis à la garde civile ou aux agents assermentés, ou à l'une et aux autres, suivant la qualité de l'agent qui aura verbalisé, dans les huit jours qui suivront la réception de la dénonciation.

Lorsque les amendes seront attribuées à la garde civile, le montant en sera versé à la caisse du Collège des orphelins de ce corps.

Art. 20. — Il est défendu, en tout temps, de chasser à l'aide de furets (3), lacets, collets, filets, gluaux et autres engins; il n'est fait exception qu'à l'égard des oiseaux non compris dans la liste

linottes, becs-croisés, etc.), les alaudidés (alouette, calandre, etc.), les pies-grièches, les corvidés, les turdidés (merles, mauvis, draines, etc.), les étourneaux (*Ibid.*).

(1) La garde civile correspond à la gendarmerie française; ses attributions et ses devoirs ont été déterminés par le décret royal du 2 août 1852 et par l'ordonnance royale du 9 août 1876 (V. L. PEREIRA, *Legislación de caza anotada y estudiada*, 2ᵉ part., p. 37).

(2) Les appelants vivants et en état de voler ne doivent pas être détruits, mais mis en liberté (*Règlement du 3 juillet* 1903, art. 39).

(3) Voir, toutefois, l'article 26, ci-après.

des oiseaux insectivores par l'ordonnance royale du 25 novembre 1896 (1).

La garde civile et les gardes assermentés mettront hors d'état de servir, au moment de la saisie qu'ils en feront, les lacets, collets, filets et autres engins employés, afin que, sous aucun prétexte, ils ne puissent être restitués. Si l'on a employé un furet, celui-ci sera détruit.

Il est également interdit de réunir des gens en troupe (*cuadrillas*), pour poursuivre les perdrix à la course, soit à pied, soit à cheval.

Art. 21. — Toute espèce de chasse est absolument prohibée, les jours de neige, de brouillard et de tempête (*llamados de fortuna*).

Art. 22. — La chasse de nuit avec des lumières artificielles est également prohibée.

Art. 23. — Il n'est permis de chasser avec des armes à feu qu'à la distance d'un kilomètre à compter de la dernière maison des localités habitées (2).

Art. 24. — Les propriétaires ou fermiers de domaines de chasse destinés à l'élevage du gibier peuvent y placer toutes sortes d'engins pour la destruction des animaux nuisibles ou pour la sécurité du fonds, sauf dans les chemins, sentiers et sentes de ces propriétés.

Art. 25. — Il demeure absolument défendu de colporter et de vendre, sur tout le territoire espagnol, le gibier vivant ou mort, et les oiseaux que détermine le règlement, vivants ou morts, pendant la durée de la clôture, quelle que soit la date de l'acquisition, sauf l'exception concernant les lapins, admise par l'article 17.

Il demeure, également, absolument défendu, en tout temps et pendant un délai de six années à compter de la publication de la présente loi, d'exporter à l'étranger toute espèce d'oiseaux et de grand ou menu gibier, à l'exception des étourneaux, des grives, ainsi que des lapins, ceux-ci, toutefois, pouvant être exportés seulement du 1er septembre au 1er mars de chaque année ; sont subsidiairement responsables, en cas d'infraction à cette prohibition, les entreprises de chemins de fer, de bateaux, quels qu'ils soient, ou d'autres modes de transport, dans les trains ou expéditions desquelles le gibier est transporté en vue de l'exportation.

Le Gouvernement de S. M. est autorisé à prolonger, par décret

(1) Voir la note 1, p. 11.
(2) Dans les communes où les habitations sont disséminées, le kilomètre doit se compter, non de la dernière maison, mais du dernier groupe de bâtiments (*Règlement du 3 juillet* 1903, art. 41).

royal, le délai de six années, si cette prolongation, à son avis, est
· nécessaire.

Art. 26. — Les locataires de forêts et les personnes qui se
livrent à l'industrie du trafic des lapins peuvent avoir des furets,
moyennant une autorisation préalable du Gouverneur civil de la
province, lequel fera tenir un registre de celles qu'il concédera, et
moyennant une licence de 10 piécettes (*pesetas*) par furet.

Art. 27. — Le propriétaire de la forêt, du pâturage, du taill-
lis ou du fonds réservé au point de vue de la chasse, qui, en
temps de fermeture, voudra détruire les lapins qui existent ou qui
sont élevés dans sa propriété, pourra le faire au moyen d'un
procédé quelconque, sauf à se soumettre aux restrictions édictées
par l'article 25 de la loi rapproché de l'article 17, et à la condition, en outre, d'obtenir une permission du Gouverneur de la
province, qui pourra l'accorder sur l'avis préalable et favorable
de la garde civile.

Art. 28. — Nul ne pourra chasser s'il n'a obtenu du Gouverneur civil de la province un permis d'usage d'armes à feu et un
permis de chasse (1). Ces permis seront valables pour un an seulement à compter du jour de leur délivrance, et seront délivrés
conformément aux lois (2).

Art. 29. — Les permis de chasse ne pourront être délivrés que
par les Gouverneurs de province, qui, en aucun cas, ne pourront
les concéder gratuitement.

Cependant, les Capitaines généraux continueront à avoir la
faculté de concéder des permis de chasse gratuits et intransmissi-
bles, mais seulement aux militaires en activité de service (3), aux
retraités avec pension et aux décorés de la croix de Saint-Fernand,
ces particularités devant être constatées obligatoirement dans
les permis, qui devront toujours être accompagnés de la carte
d'identité (*cédula personal*) de l'intéressé (4).

Pour pouvoir chasser sur les fonds légalement réservés, il est
nécessaire d'être pourvu d'un permis de chasse, sauf l'exception
unique prévue à l'article 18. La garde civile et les gardes assermentés exigeront la représentation dudit permis, et si le ou les

---

(1) Cf. note 3, p. 8.

(2) Les permis sont valables dans toute l'étendue du territoire espagnol et
dans les îles adjacentes (*Règlement du 3 juillet* 1903, art. 47).

(3) Quel que soit leur grade (*Ordonnance du Ministère de la Guerre du
2 octobre* 1902).

(4) Cette carte a remplacé le passe-port, exigé, autrefois, pour circuler en
Espagne; sa délivrance donne lieu au payement d'une taxe (V. ALCUBILLA,
Diccionario, etc., V° *Impuesto de cédulas personales*, t. 6, p. 42).

chasseurs ne l'exhibent pas sur le fait même, ils se saisiront des fusils ou armes, qui ne seront restitués à leurs propriétaires qu'autant que ceux-ci représenteront, dans un délai de huit jours, un permis de chasse délivré, nécessairement, à une date antérieure à celle de la dénonciation. Les armes ou fusils saisis par les gardes assermentés seront toujours remis à la garde civile, qui les déposera, passé le délai de huit jours, dans les bureaux du Commandant de la province ; ces armes seront mises en vente, aux enchères publiques, par les soins des bureaux du Commandant, le 1er de chaque mois, et le produit de la vente sera remis à celui qui aura pratiqué la saisie ou fait la dénonciation ; si le produit de la vente est attribué à la garde civile, la somme sera affectée à l'entretien du Collège des orphelins de ce corps. Si les armes ou fusils ne trouvent pas preneurs, ils seront détruits immédiatement après la clôture des enchères, du résultat desquelles il sera rendu compte au Gouverneur civil de la province.

Art. 30. — Les propriétaires ou fermiers des lieux réservés, destinés à l'élevage du gibier, peuvent nommer des gardes assermentés, en se soumettant à ce qui est déterminé par le règlement (1) ; mais ceux-ci ne pourront pas être autorisés à se servir de fusils de chasse, si ce n'est dans les limites des fonds auxquels ils sont attachés (2).

Art. 31. — Les déclarations des gardes assermentés contenues dans les dénonciations qu'ils feront conformément à la présente loi, auront la valeur d'une preuve pleine et entière, sous réserve cependant de la preuve contraire, et les agressions contre ces gardes seront considérées comme une résistance aux agents de l'autorité.

Les gardes assermentés des particuliers pourront verbaliser, à raison d'infractions à la présente loi, dans toute l'étendue de la circonscription municipale à laquelle se rattache le fonds pour

---

(1) Les conditions à remplir, pour pouvoir être nommé garde particulier, sont : 1° d'être espagnol et majeur de vingt-cinq ans ; 2° de savoir lire les caractères imprimés et les caractères manuscrits, et de savoir écrire correctement ; 3° de n'avoir été l'objet d'aucune poursuite judiciaire suivie de condamnation ; 4° d'avoir une conduite irréprochable (*Règlement du 3 juillet* 1903, art. 55). Les candidats aux fonctions de garde sont présentés à l'alcalde de la commune où ils doivent exercer. L'alcalde, après s'être assuré qu'ils remplissent bien les conditions requises, leur fait prêter serment, en présence du secrétaire du conseil municipal, et leur délivre une commission qui leur sert de titre (*Ordonnance royale du 9 août* 1876, art. 84).

(2) Les gardes assermentés ne peuvent se faire accompagner de chiens que dans l'étendue du domaine à la surveillance duquel ils sont préposés (*Règlement du 3 juillet* 1903, art. 55).

lequel ils auront été nommés, et ils recevront la part à eux attri-
buée dans les amendes mentionnées aux articles 19, 33 et 50,
quel que soit le point de la circonscription municipale où ils auront
verbalisé ou pratiqué la saisie.

Section IV. — De la chasse des pigeons.

Art. 32. — Les pigeons fuyards restent visés par l'article 17.

On ne peut tirer les pigeons domestiques appartenant à
autrui qu'à un kilomètre au moins des lieux habités (*poblaciones*);
mais, en aucun cas, il n'est permis de faire usage d'appâts, de
pigeons d'appeau (*cimbeles*) ou d'autres engins.

Aux époques de la récolte et des semailles, il est permis de tirer
les pigeons domestiques et les pigeons fuyards, dans la campagne,
à quelque distance que ce soit de la localité, alors même que ce
serait dans le rayon de mille mètres mentionné précédemment,
pourvu que, dans ce dernier cas, le tireur les tire les épaules
tournées du côté du pigeonnier.

Art. 33. — Les propriétaires ou locataires de colombiers sont
obligés de les tenir fermés pendant les mois d'octobre et de
novembre, et depuis le 1er juillet jusqu'au 15 août, afin d'éviter
les dommages que les pigeons peuvent causer dans les terres en-
semencées et dans les récoltes. Les Gouverneurs civils pourront
prolonger la durée des périodes de fermeture, sur la réclamation
écrite du corps des cultivateurs et après avoir pris l'avis du
Conseil municipal (*ayuntamiento*) de la localité à laquelle ceux-ci
appartiennent ; toutefois, la prolongation ne pourra pas être de
plus d'un mois, pour la période des semailles, et de plus de quinze
jours, pour la période de la récolte, et avis en sera donné au
public au moyen d'affiches et d'insertions au *Bulletin officiel*.

Les propriétaires ou fermiers qui contreviendront au présent
article paieront, indépendamment de l'indemnité due pour les
dommages que les pigeons auront causés, une amende de 100
piécettes (*pesetas*), pour la première fois, et de 200 pour chacune
des récidives.

Section V. — De la chasse avec lévriers.

Art. 34. — Depuis le 1er mars jusqu'au 15 octobre, il est défendu, dans toute l'Espagne et dans les îles adjacentes, de chasser
avec des lévriers ou des bassets, sur toute espèce de terrains. En
outre, ce même mode de chasse est interdit sur les terres labou-

rables, depuis la semaille jusqu'à la moisson, et dans les vignes, depuis l'époque où elles sont en bourgeons jusqu'à la vendange.

Art. 35. — Ceux qui voudront chasser avec des lévriers ou des bassets devront obtenir pour cela un permis spécial du Gouverneur de la province (1). Ce permis sera personnel et intransmissible; il servira pour l'emploi d'un lévrier ou d'un basset et coûtera dix piécettes (*pesetas*) (2).

SECTION VI. — DE LA GRANDE CHASSE.

Art. 36. — La clôture établie pour la petite chasse s'applique aussi à la grande.

Art. 37. — Tout chasseur qui blesse une pièce de grand gibier (*res*) conserve un droit sur elle tant qu'il la poursuit seul ou avec ses chiens; mais il est tenu de payer tous les dommages qu'il cause par cette poursuite aux fonds qu'il traverse, conformément aux dispositions de l'article 16.

Art. 38. — Lorsqu'une ou plusieurs pièces de grand gibier sont levées, mais non blessées, par un ou plusieurs chasseurs ou par leurs chiens, et qu'un autre chasseur tue une ou plusieurs de ces pièces de gibier, pendant la poursuite, celui qui a tué le ou les animaux, et les compagnons qui chassaient avec lui, ont, sur la pièce ou sur les pièces abattues, des droits égaux à ceux des chasseurs qui les ont levées et poursuivies.

Il est absolument défendu de tuer, en quelque temps que ce soit, les femelles du genre cerf et des genres similaires, tels que chevreuils et daims, ainsi que de les vendre et de les colporter; celles qui seront mises en vente seront saisies, et une amende de cent piécettes (*pesetas*) sera infligée au contrevenant (3).

Les compagnies de chemins de fer, les propriétaires de diligences, voitures ou bêtes de somme, ainsi que les expéditeurs et les destinataires, seront subsidiairement responsables, en cas d'infraction au présent article. L'amende, qui sera payée en argent, sera

---

(1) Ce permis est également nécessaire pour chasser avec des chiens courants (*sabuesos, perros de carrera ó de rastro*) (*Règlement du 3 juillet* 1903, art. 61).

(2) Il est permis à chaque chasseur de se servir d'autant de lévriers, bassets ou chiens courants qu'il le désire, à la condition de payer pour chacun d'eux le permis de dix piécettes (*Ibid.*, art. 60).

(3) Il est interdit de transporter des cerfs, daims ou chevreuils, débités en quartiers; ces animaux, morts, ne peuvent circuler que revêtus de leur peau et munis de leur tête (*Règlement du 3 juillet* 1903, art. 64). Cette mesure a pour objet d'empêcher qu'on ne fasse passer pour des mâles de leur espèce, des biches, daines ou chevrettes abattues en contravention à la loi.

remise à celui qui aura pratiqué la saisie ou fait la dénonciation, ou partagée entre eux.

Section VII. — De la chasse des animaux nuisibles.

Art. 39. — La chasse des animaux nuisibles, loups, renards,
fouines, chats sauvages, lynx, blaireaux, furets et autres animaux
déterminés par le règlement sera libre sur les terres de l'État et des
localités habitées (*pueblos*), sur les terrains incultes (*baldios*) et
sur les terres en jachère appartenant aux particuliers, mais qui ne
sont ni closes, ni délimitées. Pour pouvoir pratiquer cette chasse
sur des terres closes, qu'elles appartiennent à des localités ou à
des particuliers, il sera nécessaire d'obtenir une permission écrite
des propriétaires ou fermiers (1).

Art. 40. — Les alcaldes encourageront la poursuite des bêtes
fauves et des animaux nuisibles, en offrant des récompenses pécu-
niaires à ceux qui prouvent en avoir tué.

Le taux des récompenses et les preuves que devra fournir celui
qui en réclamera une, seront déterminés par le règlement. Les
conseils municipaux (*ayuntamientos*) inscriront dans leurs budgets,
au nombre de leurs dépenses obligatoires, les crédits nécessaires
pour payer la partie de ces récompenses mise à leur charge (2).

Art. 41. — Lorsque les circonstances l'exigeront, les alcaldes
pourront, après avoir obtenu l'autorisation du Gouverneur civil de
la province et celle des propriétaires des fonds, ordonner des
battues générales pour la destruction des animaux nuisibles et
leur empoisonnement.

Ils prendront les mesures qu'ils jugeront utiles pour garantir la

(1) La chasse des animaux nuisibles est libre, sauf, toutefois, l'interdiction
de se servir d'armes à feu pendant le temps où la chasse est fermée (*Règlement
du 3 juillet* 1903, art. 65).

(2) La prime allouée pour la destruction des animaux nuisibles est de :
15 piécettes (*pesetas*), pour un loup; de 20 p., pour une louve; de 7 p. 50, pour
un louveteau ou un renard; de 10 p., pour une renarde; de 3 p. 75, pour un
renardeau, une fouine, un chat-sauvage, un lynx ou un putois; de 4 p., pour
un oiseau de proie d'une taille égale ou supérieure à celle du milan; de 2 p.,
pour un oiseau de proie d'une taille inférieure à celle du milan ou pour un
jeune d'une espèce de la grosseur du milan ou au-dessus; de 1 p., pour un
jeune d'une espèce inférieure au milan comme grosseur. Pour avoir droit à la
prime, l'intéressé est tenu de présenter les corps des animaux détruits à la
municipalité; on coupe le queue et les oreilles aux loups et aux renards; on
enlève la peau des animaux de taille inférieure; on coupe la tête et les pattes
aux oiseaux de proie; ces objets sont ensuite transmis au gouverneur civil pour
servir de pièces à l'appui des comptes-rendus municipaux (*Règlement du 3 juillet* 1903, art. 69).

sécurité et la protection des personnes et des propriétés, pour régler le mode, la durée, l'ordre et la marche de l'opération, et toutes les dispositions nécessaires à l'effet d'en assurer la régularité et d'éviter les périls et les inconvénients qui pourraient en résulter; en toute circonstance, ils auront recours à l'intervention de la garde civile.

Art. 42. — Les battues et les empoisonnements seront dirigés par des personnes expertes, qui seront nommées par les autorités administratives (1), et ils seront annoncés, pendant trois jours consécutifs, au moyen de bans publiés dans la localité où ils devront avoir lieu, et dans les localités voisines.

Art. 43. — Le résultat sera porté à la connaissance du Gouverneur civil de la province au moyen d'un rapport, où seront consignées toutes les observations propres à constituer un compte rendu exact de la façon dont l'opération aura été effectuée.

Section VIII. — De la procédure et des pénalités.

Art. 44. — Toute personne a le droit de dénoncer les infractions à la présente loi (*Es pública la acción*). La vente et le colportage, en temps prohibé, du gibier vivant ou mort, quelle que soit la date à laquelle il a été acquis, étant interdits, ainsi que son exportation à l'étranger, conformément à l'article 25, celui qui sera trouvé dans ces conditions sera saisi et détruit, et le contrevenant sera frappé d'une amende de 25 piécettes (*pesetas*) par tête de gibier à poil, et de deux piécettes par oiseau.

Ces amendes seront partagées par moitié entre celui qui a fait la dénonciation et celui qui a pratiqué la saisie, ou seront attribuées entièrement à ce dernier, s'il n'y a pas eu de dénonciation.

Art. 45. — Les juges municipaux connaîtront, en la forme prescrite pour le jugement des contraventions, à l'exclusion de tous autres, des infractions à la présente loi qui ne revêtent pas le caractère de délit, et ils instruiront ces affaires, sous leur responsabilité, dans un délai obligatoire de trois jours à partir de celui où la dénonciation aura été faite; ils donneront, dans tous les cas, un reçu de celle-ci au dénonciateur.

Les juges et tribunaux ordinaires connaîtront, à l'exclusion de tous autres, des infractions constituant un délit (2).

----

(1) Les battues sont organisées par le gouverneur civil de la province, sur la demande de l'alcalde. Il peut être fait usage d'armes à feu dans les chasses exceptionnelles, même en temps prohibé. — L. Pereira, *Legislación de caza anotada y estudiada*, 5ᵉ partie, p. 165.

(2) Sont considérées et punies comme délits, les infractions suivantes : 1º chasse

Art. 46. — Les susdites dénonciations seront instruites et jugées en la forme orale usitée pour le jugement des contraventions (*juicio verbal de faltas*) (1), c'est-à-dire qu'on entendra le dénonciateur, le fiscal (organe du ministère public) et l'inculpé, s'il se présente, qu'on recevra les justifications qui seront présentées, et que la sentence sera rendue séance tenante, le tout étant consigné dans un acte que signeront les parties et le secrétaire (greffier). Quand il y aura condamnation, le paiement des frais sera mis à la charge du condamné.

Art. 47. — En cas d'infraction à la présente loi, on prononcera toujours la confiscation de l'arme ou de l'objet avec lequel l'acte de chasse aura été commis. L'arme, s'il s'agit d'un fusil de chasse, pourra être restituée contre la remise d'une somme de 100 piécettes (*pesetas*) en papier-monnaie (*papel de pagos*) ; quant aux autres objets à l'aide desquels l'acte de chasse aura été commis, ils ne seront jamais restitués, mais ils seront mis hors de service, séance tenante.

Art. 48. — Dans tous les cas, le délinquant sera condamné à la réparation du préjudice causé, à dire d'experts, à la perte du gibier et à une amende qui sera, pour la première fois, de 5 à 25 piécettes (*pesetas*), pour la seconde, de 25 à 50, et pour la troisième, de 50 à 100, le tout en papier-monnaie.

Art. 49. — Le condamné, dans l'impossibilité de payer les amendes, sera passible de l'emprisonnement, à raison d'un jour d'arrêt par cinq piécettes (*pesetas*).

Art. 50. — Quiconque, ayant pénétré sur la propriété d'autrui sans l'autorisation écrite du propriétaire ou du fermier, lorsque cette autorisation est nécessaire (2), y sera surpris ou rencontré avec

sur le terrain d'autrui sans la permission du propriétaire à l'aide de furets, filets, etc. (V. art. 50, ci-après) ; 2º chasse du grand gibier (*caza mayor*) sur le terrain d'autrui, sans la permission du propriétaire : délit assimilé au vol (art. 50) ; 3º chasse du menu gibier sur le terrain d'autrui avec chiens et armes à feu, sans l'autorisation écrite du propriétaire, en cas de troisième récidive (art. 50) ; 4º fait de pénétrer pour la troisième fois, dans le but de se livrer à la chasse, sur le terrain d'autrui, sans l'autorisation du propriétaire (art. 50) ; 5º destruction illicite des nids de perdrix et autres sur le terrain d'autrui, lorsque le fait s'est renouvelé pour la troisième fois (art. 51) ; 6º toutes les infractions à la loi sur la chasse, en cas de quatrième récidive (art 52). — V. L. Pereira, *Legislación de caza anotada y estudiada*, 5ᵉ partie, p. 172.

(1) *Code de procédure criminelle*, art. 962 à 982 (Voir : *Code de procédure criminelle espagnol*, traduit et annoté par G. Verdier et J. Depeiges, p. 317).

(2) C'est au plaignant à établir que le terrain sur lequel le prétendu délinquant a été surpris lui appartenait effectivement. Faute de cette preuve, le prévenu doit être renvoyé des fins de la plainte (arrêt du Tribunal suprême, du 17 avril 1903. — V. L. Pereira, *Legislación de caza anotada y estudiada*, 2ᵉ part., p. 78).

une houe, une pioche ou d'autres outils analogues, avec des lacets, appeaux ou autres engins propres à capturer ou à tuer le gibier, alors même que son but n'aurait pas été atteint, sera considéré comme coupable d'un délit et puni de la peine de l'arrêt majeur, dans son degré inférieur ou moyen, suivant les circonstances (1).

En cas de récidive pour la seconde fois ou plus, la peine sera celle du degré immédiatement supérieur à celui de la peine mentionnée au paragraphe précédent, c'est-à-dire une pénalité allant de l'arrêt majeur dans son degré supérieur à celle du préside correctionnel dans son degré inférieur (2).

Le chasseur ou les chasseurs qui, seuls ou en bande (*cuadrilla*) (3), pénétreront, pour y chasser, sur la propriété d'autrui, avec des chiens ou des armes à feu, sans l'autorisation écrite du propriétaire ou du fermier, quand cette autorisation est nécessaire, seront punis d'une amende de 50 piécettes (*pesetas*) par chasseur, pour la première fois, et de 100, pour la seconde. Si ces chasseurs se sont livrés à la grande chasse, ils seront considérés comme ayant commis le délit de vol (*hurto*) (4).

La troisième récidive constituera un délit, et le récidiviste sera puni de l'arrêt majeur dans son degré inférieur ou moyen (5).

Art. 51. — Quiconque aura détruit des parquets destinés à l'élevage du gibier (*vivares*), des nids de perdrix ou des nids d'autres espèces de menu gibier sera condamné, à la suite d'une procédure en la forme prescrite pour le jugement des contraventions, à une amende de 25 à 50 piécettes (*pesetas*), pour la première fois, de 50 à 100, pour la seconde, et 100 à 200, pour la troisième.

Celui qui, en temps prohibé, détruira des nids d'oiseaux utiles à l'agriculture, sera puni d'une amende de 50 piécettes (*pesetas*), pour la première fois, de 100, pour la seconde, et de 200, pour la troisième.

Celui qui commettra une récidive pour la seconde fois ou plus, sera puni conformément à l'article 52 (6).

---

(1) La durée de la peine est, au minimum, d'un mois et un jour, et, au maximum, de quatre mois (*Code pénal*, 1er appendice, n° 1).

(2) La peine peut s'élever de quatre mois et un jour à deux ans et quatre mois d'emprisonnement (*Code pénal*, 1er appendice, n° 4).

(3) On doit considérer que les chasseurs sont en bande, s'ils sont au nombre de trois ou plus (*Code pénal*, art. 518).

(4) La peine est celle de l'arrêt majeur, dans son degré inférieur ou moyen, soit d'un mois et un jour à quatre mois d'emprisonnement (*Code penal*, art. 532).

(5) Voir la note précédente.

(6) C'est-à-dire de l'arrêt majeur, dans son degré inférieur, soit d'une peine d'un mois et un jour à deux mois d'emprisonnement (*Code pénal*, 1er appendice, n° 1).

En cas d'insolvabilité des individus condamnés à l'amende, on appliquera les dispositions de l'article 49.

Art. 52. — Celui qui, après avoir été condamné trois fois pour infractions à la présente loi, considérées comme contraventions (*faltas*) par celle-ci, commettra une nouvelle ou de nouvelles infractions, sera considéré comme coupable d'un délit et puni de l'arrêt majeur, dans son degré inférieur (1).

La durée de la peine, dans chaque cas particulier, sera déterminée, dans les limites du degré sus-indiqué, d'après les circonstances et la gravité de l'infraction.

Celui qui aura été condamné deux fois pour infraction à la présente loi sur la chasse ne pourra plus obtenir de permis de chasse, et le permis qui avait pu lui être concédé lui sera retiré.

Art. 53. — Les pères, représentants légaux et maîtres des contrevenants seront civilement et subsidiairement responsables, en conformité des lois, à raison des infractions commises par leurs enfants soumis à la puissance paternelle, par leurs serviteurs et par les personnes qui se trouvent sous leur autorité.

Art. 54. — L'action en répression des infractions à la présente loi se prescrit par deux mois à compter du jour où elles ont été commises.

DISPOSITIONS GÉNÉRALES.

1°. — L'observation de la présente loi dans toutes ses parties est commise aux soins de la garde civile et de la garde forestière, qui, en vertu de leur organisation, exercent la surveillance de la campagne et des lieux inhabités (*despoblado*), ainsi qu'aux soins des gardes assermentés par les particuliers ou par les conseils municipaux.

2°. — Dans le délai de trois mois, le ministre de l'Agriculture, ouï le Conseil d'État en assemblée plénière, publiera les règlements nécessaires à l'exécution de la présente loi (2).

3°. — Tout permis de chasse portera, imprimés au revers, les articles de la présente loi et des règlements qu'on jugera nécessaire d'y faire figurer.

4°. — Les gouverneurs des provinces seront tenus de publier, quinze jours avant de déterminer le commencement et la fin de la période de prohibition, des arrêtés rappelant à l'exécution des dispositions de la présente loi.

(1) Voir la note précédente.
(2) Voir le règlement du 3 juillet 1903.

5°. — En vertu de la présente loi, demeurent abrogés tous ordonnances (*ordenanzas*), pragmatiques, règlements, décrets et lois antérieurs à la présente loi et se rapportant à la chasse.

ARTICLES ADDITIONNELS.

1°. — Les infractions à la présente loi seront, en tous cas, réprimées, lorsqu'elles constituent une contravention (*falta*) ou un délit, par les juges et tribunaux ordinaires, sans avoir égard à la juridiction personnelle du prévenu.

2°. — Les gardes, assermentés ou non, nommés par les conseils municipaux et les particuliers, ne pourront se servir d'armes de chasse, ni, par conséquent, obtenir des permis de chasse, sauf la disposition de l'article 30.

3°. — Un exemplaire de la présente loi sera constamment affiché dans un endroit visible, au siège des gouvernements civils, des députations provinciales, des Assemblées municipales, des commanderies et des postes de gendarmerie et dans les stations de chemins de fer, sous la responsabilité des autorités et des chefs de station.

PARIS. — IMPRIMERIE P. MOUILLOT, 13, QUAI VOLTAIRE. — 1590.

PUBLICATIONS DU MÊME AUTEUR

Notice sur le règlement du Reichstag allemand et sur les règlements du Reichsrath autrichien. — Broch. gr. in-8° (1876). A la librairie générale de Droit et de Jurisprudence...   2 fr.

Des garanties accordées à l'inculpé par le Code d'instruction criminelle allemand. — Broch. gr. in-8° (1879). A la même librairie...   2 »

Code de procédure pénale allemand (1er février 1877), traduit et annoté. — 1 volume gr. in-8° (Imprimerie nationale, 1884). A la même librairie... 12 »

Congrès international de droit commercial d'Anvers. Rapport présenté à la Société de législation comparée. — Broch. gr. in-8° (1886). A la même librairie...   2,50

Loi du Grand-Duché de Luxembourg sur la Chasse (19 mai 1885), annotée. — Broch. gr. in-8° (1887). A la même librairie...   2 »

Étude sur la représentation proportionnelle en Espagne. — Broch. gr. in-8° (1887). Même librairie...........   2 »

Loi du Grand-Duché de Bade sur la Chasse (29 avril 1886), traduite et annotée. — Broch. gr. in-8° (1888). Même librairie...   2 »

Note sur le rejet de la loi relative à l'assurance obligatoire contre les maladies dans le canton de Bâle-Ville. — Broch. gr. in 8° (1890). A la même librairie.....   2 »

Loi de Croatie-Slavonie sur la Chasse (27 avril 1893), traduite. — Broch. gr. in-8° (1895). A la même librairie.........   2 »

La nouvelle prison de Monaco. — Broch. gr. in 8° (1900). A la même librairie...   2 »

La République de Saint-Marin, ses institutions et ses lois. — 1 vol. in-18 (1904). L. Larose...................................   2,50

L'accession du Japon au droit des gens européen, par le baron A. DE SIEBOLD. Traduction française, avec une préface et des notes. — Broch. gr. in-8° (1900). A la librairie générale de Droit et de Jurisprudence...   2,50

PARIS. — IMP. P. MOUILLOT, 13, QUAI VOLTAIRE.